48.
Lb 676.

PETITE LETTRE

A UN GRAND HOMME,

SUR UNE MÉMORABLE HARANGUE.

IMPRIMERIE DE CHAIGNIEAU JEUNE.

PETITE LETTRE

A UN GRAND HOMME,

SUR UNE MÉMORABLE HARANGUE.

Dum vitant stulti vitia, in contraria currunt.
HORAT., sat. 2, lib. I.

PARIS,
Chez DELAUNAY, Libraire, Palais-Royal, galeries de bois;
Et chez PÉLISSIER, Libraire, au Palais-Royal.

1816.

PETITE LETTRE

A UN GRAND HOMME,

SUR UNE MÉMORABLE HARANGUE.

Monsieur,

Vous nous avez reproché vertement nos torts, vous n'avez pas même marchandé nos travers. Votre foudroyante éloquence n'épargne ni le riche, ni le pauvre, ni l'enfant, ni le vieillard, ni le sexe auquel vous appartenez, ni celui qui pouvait se croire quelques droits à votre indulgence. Vous êtes un rude orateur. Si tout ceci s'était passé à huis clos, et comme en famille, je me dirais : Voilà un vénérable thérapeute qui vient nous remettre sur la voie. Laissons faire le saint homme ; c'est pour notre bien. Mais vous aviez pour auditeur l'Europe entière, cette Europe long-temps irritée, maintenant défiante, qui nous observe et nous surveille. Malheur à nous, si elle allait prendre vos semonces pour les oracles de Thémis. Nous voilà représentés aux yeux de l'ambition comme un peuple sans courage, aux yeux de la haine, comme un peuple ennemi de ce que tous les autres honorent. Ah, monsieur le président ! combien votre *o tempora! o mores!* pourrait nous coûter cher, et que vous auriez bien mieux fait de dégorger cet amas de maudissons dans quelque coin de la chambre des enquêtes !

Vous promenez votre rigueur sur tous les détails de la vie domestique ; vous descendez au fond de tous les cœurs pour en exhumer des secrets impurs ; votre indiscrète main arrache la jeune épouse du lit conjugal pour la livrer toute tremblante aux sarcasmes des oisifs et des faux sages. Jusque là ce ne sont guère que de vieilles figures de rhétorique un peu rafraîchies ; et l'on est toujours bien aise de mettre à profit ses lectures. D'ailleurs les mœurs sont un courant rapide qui se charge à chaque intant d'élémens nouveaux. Permis à vous de les épurer, si vous pensez qu'on le puisse avec une harangue. D'autres vous contesteront le droit de flétrir l'innocence du jeune âge, en lui prêtant l'esprit de faction, et d'outrager les utiles efforts de ses maîtres, en parlant d'eux comme les ennemis de Galilée parlaient de ses travaux. Cependant passe encore pour cette petite politesse à la philosophie. C'est un vieux souvenir qui a pu vous rester. Nous savons tous qui disait anathème aux idéologues, précisément dans le même temps où vous protestiez de votre zèle ; et comme cette haine contre les philosophes a passé de tyran en tyran, depuis Caligula jusqu'à l'homme du siècle (1), elle a dû passer aussi de ceux qui confessaient que Jupiter était moins grand que Caligula, à ceux qui pensaient que *Napoléon était au-delà de l'histoire humaine, et au-dessus de l'admiration* (2).

Mais vous avez osé davantage. Les mœurs passent, les lois restent. Elles sont la règle inflexible, au milieu des actions fugitives. La voix de d'Aguesseau a souvent frappé ces voûtes qui retentissent aujourd'hui de votre voix ; mais le vit-on jamais, dépassant la borne des convenances et des devoirs, réformateur indiscret, signaler dans la législation d'alors les abus qui ne durent point échapper à ses lumières, ou même tenter de rendre à la vie des institutions plutôt endormies qu'abrogées ? Héritier direct des bonnes traditions, interprète et premier ministre de la loi, lorsque la pensée

___

(1) M. Séguier. *Moniteur du 29 juillet* 1807.

(2) Caligula, Néron, Domitien, bannirent, proscrivirent, mirent à mort les philosophes. Ceux-ci n'osèrent reparaître à Rome que sous Adrien, et le règne du grand Marc-Aurèle fut l'âge d'or de la philosophie.

vous est venue de renverser vous-même ses autels, n'avez-vous pas senti une redoutable barrière s'élever tout-à-coup devant vous?

Mais je m'aperçois que la manie des grandes phrases me gagne. Serait-ce une épidémie? Revenons au naturel, et commençons par le commencement.

« L'envie, dites-vous, fait la vocation; le « pauvre demande des richesses, le riche brigue « des emplois, l'homme en place aspire à la « grandeur; le ministre, *qui dispose de la vo-* « *lonté souveraine,* exige que tout lui cède ». Je pourrais épiloguer sur la gradation; mais je la tiens pour bonne et valable. Hélas, monsieur le président! c'est là notre histoire à tous, pauvres humains. Depuis que le monde existe, fût-ce depuis cette longue série d'années qui vous irrite si fort dans les doctrines de votre géologue, il n'en fut jamais autrement.

> Tout petit prince a des ambassadeurs,
> Tout marquis veut avoir des pages,

disait notre bon La Fontaine, et nous n'avons pas changé depuis. Et environ dix-sept siècles auparavant (car je ne veux pas m'engager avec vous dans une dispute sur la chronologie, et je ne suis ni d'humeur ni de force à concilier Scaliger avec Petau), dix-sept siècles donc avant

La Fontaine, un autre mécréant de bonne compagnie avait prouvé, dans des vers qui valent presque votre prose, que nul ici-bas n'est content de son sort. Il y a pourtant dans cette éloquente tirade un membre de phrase qu'en bonne conscience on ne peut laisser sur le compte de votre rhétorique. Ce sont deux accusations renfermées dans un mot, l'une contre le ministère, l'autre..... Ah, monsieur le président! avant de prononcer, sachez au moins à qui vous faites le procès.

Vous ajoutez tout de suite : *Tel est le spectacle qu'offrit la décadence de l'empire romain.* De quel empire romain parlez-vous, s'il vous plaît? car il y en a eu deux, qui ont péri par des excès contraires. Vous ne désignez point celui où une soldatesque furieuse *disposait,* pour me servir de vos expressions, *de la volonté souveraine,* et mettait le trône à l'encan. Si quelque chose parmi nous a jamais ressemblé à ce modèle, il est trop tard pour s'en apercevoir. Parleriez-vous de cet empire du moyen âge, où l'on se livrait à des disputes dignes de ridicule et de pitié quand l'étendard du croissant menaçait la capitale? Il faut convenir que vous n'êtes pas heureux en allusions.

« Personne ne l'ignore, dites-vous, le scan-
« dale est à son comble ; les vices vont le front

« levé, et se donnent la main, afin de s'attacher
« mutuellement. Le sexe même à le courage
« de supporter la honte, ou plutôt il ne sait
« plus rougir ; et la vertu, pour ne pas être
« tournée en ridicule, doit revêtir les couleurs de
« la mode ». Et plus bas : « Que de fautes, pour
« ne rien dire de plus, a fait commettre cette
« manie de s'envelopper des laines de l'orient ? »

Bourdaloue n'aurait pas mieux dit. Mais Bourdaloue se serait assuré des faits avant de les frapper d'anathème ; et si je vous ai accordé le droit de gourmander nos mœurs, j'entendais les mœurs réelles, et non point des mœurs imaginaires. Avant d'exhaler ainsi votre bile contre notre pauvre siècle, peut-être auriez-vous aussi bien fait de jeter un regard en arrière; la comparaison eût tempéré cette amertume. Je sais qu'on a sacrifié de tous les temps à la mode, sur-tout en France où la fantasque divinité a fixé son temple et sa cour ; et c'est peut-être un bien ; car nous y gagnons du moins de ne pas persister dans les mêmes travers.

Mais la mode n'est aujourd'hui que frivole. Elle fut souvent cruelle ; car vous ne pensez point que nous ignorions les exploits de la Brinvilliers et de sa nombreuse école, et toute cette histoire d'une régence corrompue et corruptrice, et, en remontant plus haut, les révélations de Bussy-Rabutin, et plus anciennement les atroces voluptés et les sanguinaires jeux des amantes de La Molle et de Coconas. Rien de pareil, dites-moi, frappe-t-il vos regards? La race des Locuste a péri. Les plus héroïques vertus ont honoré des infortunes vulgaires. Les mères enfin, rendues à la nature par la sagesse, ne marchandent plus un lait étranger. Nos mœurs ne sont point celles de l'enfance : ce sont celles de l'âge mûr ; elles se distinguent sur-tout par une teinte de philosophie qu'on n'effacera point. J'aime ce proverbe chinois : « Si l'homme « laboure son champ, la famille aura de quoi « se nourrir, et si la femme file, la famille aura « de quoi s'habiller ». Mais pour n'être point toujours armées de la quenouille, les Françaises d'aujourd'hui ne le cèdent point à leurs sublimes aïeules. On ne les voit pas du moins courir à travers champs sur leur palefroi, confiant à leur preux adorateur la garde du trésor qu'elles réservent à sa constance. Quittez donc vos sinistres pinceaux. Ne dites plus que la génération actuelle est une race de *Parthéniens*. Ne vous obstinez point à voir en nous comme le poëte latin (1), des enfans pires que leurs aïeux, dont les enfans seront pires qu'eux-mêmes, et

---

(1) Horace, ode 6, livre III.

n'abusez point du droit que s'arroge tout homme en robe d'être chagrin.

Mais la toilette des femmes vous fait peur, est-ce d'aujourd'hui que le nu en fait partie, et n'auriez vous jamais porté les yeux sur ces élégantes gravures qui représentent les beautés de la cour de Louis XIV ? Ne nous accoutumons point trop à placer la vertu dans les dehors : on l'éparpille ainsi, plutôt que de la fixer. Les robes des Chinoises traînent à terre ; et cependant un proverbe Chinois vante comme de l'héroïsme la réserve d'un homme qui trouverait une femme seule, sans la soumettre à ses désirs. Les femmes des anciens Germains avaient les bras, les épaules et la gorge nus, et nulle part la foi conjugale ne fut plus respectée. Que dirai-je de votre grande colère contre des tissus étrangers ? Serait-ce un bel élan patriotique, un mouvement d'enthousiasme pour les succès de nos manufactures ? Vos idées ne me semblent pas tournées de ce côté ; si ces voiles vous déplaisent, c'est que vous pensez que pour les conquérir, on se dépouille aussitôt de tous les autres. Toujours dans cet esprit de justice et de vérité, vous allez criant que le mariage est un contrat de louage. C'est chercher vos argumens dans une époque déjà aussi loin de nous que celle des épreuves du feu et de l'eau ; mais sans la participation des juges, ces déplorables scandales n'auraient point affligé nos yeux. C'était alors qu'il leur convenait, non point de tonner ; car un juge n'a jamais eu le droit d'accuser la loi, mais d'abdiquer un ministère que n'avouait point leur conscience. Ils auraient donné, par cette résistance muette, une grande leçon au législateur, et l'admiration publique, au défaut de la reconnaissance, aurait accompagné des hommes de bien descendant de leurs chaises curules pour ne les point avilir. Puisqu'ils n'ont pas eu ce courage, qu'ils cessent de rejeter sur nous seuls une faute qu'ils ont partagée ; en la sanctionnant ils se sont interdit le droit de s'en plaindre.

La foule des petits théâtres vous offusque. Est-ce Corneille que vous prétendez venger de M. Pixérécourt ? Cette passion pour le bien idéal serait bien méritoire ; mais la littérature est pour vous d'un faible intérêt, c'est aux mœurs que vous en voulez. Eh bien ! les mélodrames de la Gaieté sont-ils donc si corrupteurs ? Comme le boulevard n'est pas le rendez-vous de la bonne compagnie, il ne vous est point facile de savoir ce qu'il en est. Mais ceux qui ne dédaignent point les spectacles de la multitude pourront vous dire qu'à travers tout cet appareil de machines, tout ce fracas de tempêtes et de batailles, on recueille toujours quelques bonnes leçons, quelques préceptes de morale, passablement empoulés il est vrai, mais tant de gens prennent l'enflure pour l'éloquence. Or il faut des spectacles au peuple. Refusez-lui Pixérécourt; il prendra Brioché : ce cri *panem et circenses* est de tous les pays et de tous temps. Vous l'entendez jusque dans les Landes de la Bretagne, où des acteurs dignes du chariot de Thespis représentent sur un fumier des tragédies qu'ils disent saintes, jusqu'au milieu des neiges du pole où le sorcier trafique du vent comme tant d'autres qui ne sont pas sorciers. Vous qui avez tant regret au bon vieux temps, ne vous souvient-il point des *sotties* et des *mystères*? Ou peut-être aimeriez-vous mieux que l'on multipliât les cabarets, comme une meilleure école de mœurs? Car si faut-il bien que l'on chôme de quelque manière le dimanche. Ah, monsieur le baron! un peu d'humanité pour ce pauvre peuple; passez-lui ses délassemens; il vous passe bien vos harangues.

Mais qu'avez-vous besoin de lui interdire les spectacles? Vous possédez un secret infaillible pour qu'il se les interdise lui-même; c'est de lui refuser du pain. Un monument s'élève et vous criez au scandale. Ne voit-on pas, dites-vous, que c'est un temple élevé à Plutus? à Plutus soit, il n'en sera que mieux payé. Si la

Bourse vous choque, trouvez donc un moyen pour liquider sur-le-champ les dettes de l'état; vous la verrez bientôt fermée. Peut-être est-ce le style de l'architecture qui vous déplaît. Passe encore pour de beaux massifs de pierre, pour ces tours anguleuses et ces découpures difficiles qui nous rappellent les beaux jours des Goths. Mais point d'ordre corinthien ni dorique. Car tout se tient, et il n'y a pas jusqu'à l'architecture où cette maudite philosophie ne trouve à se nicher.

En est-ce assez, et votre haute sagesse voudra-t-elle du moins permettre à ce pauvre peuple, que vous rudoyez si fort, de se pourvoir devant la faculté, quand vous l'aurez rendu malade de faim et d'ennui? Point; la faculté vous est odieuse. Ce sont des téméraires qui osent distinguer le cerveau du cervelet, et qui assurent que nous sentons par le secours des nerfs. Mais c'était donc un impie, un sorcier digne du feu, que ce fameux Descartes qui le premier assit la foi sur la raison. Il me semble avoir lu quelque part dans ses œuvres qu'il n'y a que la glande pinéale qui puisse être le siége de l'ame, parce que la pensée étant simple, elle ne peut s'opérer que dans cette partie du cerveau qui seule n'est point double. Quant à ces infâmes géologues, en bonne foi, sont-ils plus répréhensibles que celui qui le premier osa nier le mouvement du soleil ? De graves présidens tressaillirent alors sur leurs siéges, et s'écrièrent que tout était perdu. Et cependant la terre marche aujourd'hui sans obstacle, et la gloire de Josué n'a pas souffert le moindre échec. Ce que vous ne savez peut-être pas, monsieur le président, car vous ne pouvez pas tout savoir, c'est que l'église s'occupe fort peu de toutes ces disputes. Les vérités qu'elle enseigne sont placées trop haut pour en souffrir, et c'est leur offrir un singulier hommage que de trembler pour elles à chaque rayon de lumière. Aussi l'église, plus tolérante que vous, après avoir suivi avec saint Jérome la supputation de l'hébreu dans la Vulgate, a laissé dans son martyrologe celle des Septante; et pourtant entre ces deux supputations la différence est de près de mille ans. Oserai-je le dire, monsieur le président, votre situation me fait peine. Croyez à la médecine; force vous sera de croire à la physiologie, sans laquelle il n'y a point de médecine; et vous voilà dans la philosophie. N'y croyez pas, vous êtes du parti de Molière et des esprits forts, et vous voilà dans la philo-sophie.

Jusqu'ici vous n'avez fait que peloter, jetant par-ci, par-là, quelques hyperboles bien enflées de vent, pour effrayer vos adversaires. Nous voici arrivés au véritable champ de bataille ; mais, avant d'y entrer avec vous, souffrez que je vous adresse une remarque. Vous, chef de la magistrature, vous employez contre les lois tout l'ascendant que vous tenez d'elles ; et moi, particulier obscur, c'est moi qui me charge de les défendre. Chacun de nous est-il bien à sa place, et les rôles sont-ils convenablement distribués ?

On ne s'accorde guère que dans la haine qu'on porte aux crimes de la révolution. Quant à ses causes, à ses mobiles, et sur-tout à son but, autant d'avis que d'intérêts. Les uns, par une inconséquence étrange, après avoir justifié le peuple de toute participation aux excès des novateurs, l'enveloppent avec les novateurs dans une proscription commune. Encore j'ai tort de parler d'inconséquence. Il fallait nier d'abord sa participation, pour n'avoir pas à la regarder comme un titre, et la reconnaître ensuite pour en tirer le droit de le traiter comme un troupeau rebelle. Ceux qui ont bien étudié la nation dans ces longs orages savent que ses idées eurent toujours le même objet, et ses affections la même tendance. Tout changeait autour d'elle ; elle seule ne changeait pas. C'est ainsi qu'on l'a vue opposer une force d'inertie à tout ce qui la poussait au-delà du but, et à tout ce qui la retenait en-deçà. Il ne faut pas expliquer autrement les succès éphémères et les chutes rapides de tant de partis opposés. Les uns ni les autres n'avaient point de racine, et lorsqu'enfin une transaction si long-temps désirée nous a rendu nos anciens appuis en sanctionnant nos espérances nouvelles, tous les esprits se sont ralliés à cet auguste palladium; la dignité royale est restée la même, la dignité du peuple s'est accrue : voilà l'esprit de la révolution en deux mots. Plus sincère que les uns, moins juste que les autres, c'est la nation tout entière que vous accusez, c'est la nation tout entière que vous condamnez. A vous entendre, et les crimes qui souillèrent la révolution, et les dogmes hideux qu'elle enfanta, tout appartient à tous; et c'est le peuple qui a conspiré contre lui-même. Que la haine est aveugle ! La vôtre n'aperçoit pas qu'elle fait en quelque sorte l'apologie des législateurs révolutionnaires. « Sous prétexte, dites-vous, « de ne pas heurter l'opinion, le législateur « mit le poison presque dans le remède ». Il sentait donc le besoin du remède; il luttait donc contre le torrent qui devait l'entraîner. Il a donc fait les lois pour les mœurs, ne pouvant faire les mœurs pour les lois, à-peu-près dans le même esprit qui animait Solon, lorsqu'il craignait pour ses Athéniens des institutions trop parfaites. Au reste, comme ce mot de législateur n'est pas chez vous bien nettement défini, je me borne à une remarque. Si vous parlez du législateur révolutionnaire, voilà des expressions bien douces ; si vous parlez d'un plus auguste législateur, voilà un style bien peu mesuré.

Mais, est-ce à vous, homme d'état, qu'il faut prouver que le véritable législateur se trouvait placé entre deux spoliations ? L'une était consommée ; pour consommer l'autre il fallait recommencer la société : les fondemens du nouvel édifice sont cachés dans la terre ; n'y portons plus nos regards.

Peu de gens raisonnent, monsieur le président, et la peur est un mauvais conseiller. Vous n'ignorez pas ce que nous savons tous, le déficit occasionné dans les droits de mutation, c'est-à-dire dans les revenus de l'état, par des menaces intempestives autant qu'inconstitutionnelles. Et sans la confiance profonde, illimitée qu'inspirent les promesses du meilleur des rois, qui sait jusqu'où serait descendue la valeur des propriétés de ce genre, et par une conséquence naturelle, la valeur des autres propriétés ? Vous allez inférer de mes récriminations que je suis un *acquéreur* ou un révolutionnaire. Ni l'un ni l'autre : je suis homme et Français.

Après cela, comment expliquerez-vous par les anciennes lois ce qui n'est pas formellement dans la Charte? Explique-t-on l'une par l'autre deux législations dont l'esprit est contraire? et parce que les supplices ne sont pas réglés par la Charte, faudra-t-il rétablir la torture et la roue? Pour bien exprimer votre pensée, vous deviez dire : Tout ce qui n'est pas dans la Charte sera interprêté contre la Charte.

Une bonne partie de vos objections tombe sur le Code civil. Le Code civil est à vos yeux le pacte de la tyrannie avec tous les vices. Tout vous choque, tout vous irrite, et ce qu'on y trouve, et ce qu'on n'y trouve pas. Pour moi, je serais curieux de vous voir aux prises avec un grave magistrat qui, au mois de juin 1804, s'exprimait ainsi :

« Pourrions-nous, Sire, ne pas remplir un
« si beau ministère, quand vous-même vous
« en avez préparé le succès? Un guide certain
« nous a été donné dans le *Code civil*, vaine-
« ment tenté jusqu'à vous, et dont l'exécu-
« tion vous était réservée, pour que la pro-
« duction du génie figurât à coté des travaux
« de la victoire. Glorifions-nous donc d'être
« les dépositaires d'un chef-d'œuvre qui pré-

« cède Napoléon alors qu'il s'élève à l'empire,
« pour apprendre à la postérité qu'un héros a
« voulu régner en législateur (1) ». En attendant que vous vous accordiez vous et ce magistrat, je vais parcourir en peu de mots les vices qui vous indignent dans nos lois, et les améliorations que votre sagesse propose.

Vous regrettez cette heureuse époque où des intrigues de famille disposaient de l'héritage d'un homme vivant, où la faculté d'interdire présentait à l'enfant parricide au fond du cœur un moyen d'avilir la puissance paternelle et de hâter la marche du temps. Il semblerait que de toutes ces enquêtes obtenues à grands frais il ne soit jamais sorti que des témoignages purs, et que l'exemple de Sophocle n'ait jamais été perdu.

Dans la plupart des cantons suisses, tout citoyen âgé de quinze ans a le droit d'assister aux assemblées publiques et d'y voter l'épée au côté ; c'est-à-dire qu'il a le droit de ratifier les lois, d'imposer les taxes, de contracter les alliances, de prononcer sur la guerre et sur la paix ; et six ans plus tard un Français serait en-

---

(1) *Moniteur du 24 prairial an 12* (13 juin 1804). Discours de M. Séguier, premier président de la cour d'appel, séante à Paris.

core en tutelle ? Vous êtes fidèle à votre système d'interprêter contre la Charte ce qui n'est point dans la Charte : car la civilisation avance la majorité dans les pays libres, comme la nature avance la puberté dans les pays chauds.

Vous tonnez contre l'adoption ! Je me garderai de vous rappeler Paul-Émile entrant par l'adoption dans la famille des Scipions, et Pison entrant par l'adoption dans le partage de l'empire. Je ne vous citerai point les belles paroles de Pline le jeune dans ce panégyrique, un peu outré il est vrai, mais qu'il adressait du moins à un prince vertueux. A quoi bon tant citer ? Et Trajan, et son panégyriste, et Galba, et Pison, et Paul-Émile avec toute sa gloire, n'étaient au fond que des philosophes. Vous dirai-je que les peuples d'où nous sommes sortis connaissaient aussi l'adoption ; qu'un roi des Ostrogoths adopta un roi des Hérules ; qu'un roi des Francs adopta son neveu ? Vous ne voudriez point des barbares plus que des Romains, car ces barbares avaient des lois qui ont fait l'admiration de Tacite et de Montesquieu, et Tacite et Montesquieu étaient deux philosophes. Vous dirai-je que la naissance est l'œuvre du hasard, tandis que l'adoption est l'acte d'une volonté libre ? qu'en donnant un fils au vieillard solitaire, un père à l'orphelin délaissé, elle sanctifie à-la-fois le bienfait et la reconnaissance ? Ce serait encore de la philosophie. Vous peindrai-je l'adoption comme un moyen d'alliance entre les différentes conditions de la société ? Vous me fuiriez comme un homme atteint de ce *typhus*, c'est-à-dire de cette arrogance qui ne se trouve que parmi nous autres fiers plébéiens. Mais il reste une autorité que vous ne contredirez point. Comment l'ennemi de l'adoption ne s'est-il point souvenu que Jésus, mourant sur la croix, dit à sa mère, en lui montrant un de ses disciples : « Femme, voilà votre fils ».

Mais ce n'est là, s'il faut vous en croire, qu'une sécurité offerte au vice. Sommes-nous donc descendus à cette corruption qui n'a pas même l'excuse de l'entraînement, et portons-nous le calcul jusque dans la licence ? Vous ne nous dites point que la loi donne à l'adoption de plus nobles motifs ; qu'elle vous permet de choisir pour fils celui qui vous aura sauvé la vie. Est-ce encore là un calcul ? Je vais plus loin, et j'accorde que la débauche s'est quelquefois cachée à l'ombre de cette loi : verriez-vous d'un œil plus satisfait des monumens vivans de l'adultère et de l'inceste ? La morale vous semble-t-elle souffrir de l'expiation autant que du crime ? Enfin, une législation qui repousse le repentir et perpétue l'infamie, non point dans ses auteurs, mais dans ses victimes, vous paraît-elle bien adaptée à la religion qui ne dit jamais : *Il est trop tard;* et ne connaît point de crimes inexpiables ?

Passant de ces objections à des reproches d'un autre genre, sujet audacieux, du haut du tribunal où sa faveur vous a placé, vous interrogez le gouvernement de votre Roi : car ni la division des ministères, ni leurs attributions réciproques ne sont des choses réglées par la loi de l'état; cette division et ces attributions dépendent uniquement de la volonté du souverain, et c'est la censurer ouvertement, que d'établir des limites qu'elle n'a point établies, ou de réunir des fonctions qu'elle a séparées.

« Autrefois, dites-vous, la police et la justice étaient sœurs ». Ne le sont-elles plus pour ne pas porter le même habit, et faut-il absolument être couvert d'hermine pour être juste ?

La justice et la police étaient sœurs. Voulez-vous nous faire entendre qu'il n'existait point autrefois de magistrature spécialement chargée de la sûreté ? Les faits déposent contre vous. Entendez-vous que les formalités d'une décision de police étaient les mêmes que celles d'un procès, ou qu'un procès s'expédiait aussi promptement qu'une affaire de police? Ne vous étonnez pas trop : l'un et l'autre sentiment a ses défenseurs. J'ai vu des gens vanter la justice des Turcs; j'en ai vu d'autres accuser de tyrannie des mesures dont toute la sagesse était dans leur rapidité. Si Montesquieu faisait autorité pour vous, je vous inviterais à lire le vingt-quatrième chapitre du vingt-sixième livre de son *Esprit des Lois*. Il y prouve fort bien que la justice et la police ont deux objets distincts et deux directions contraires, que ce qui est force dans l'une est faiblesse dans l'autre ; enfin, vous le dirai-je, qu'il n'y a qu'en Turquie où la justice et la police soient sœurs comme vous l'entendez.

Nous touchons au véritable nœud de la question, au véritable sujet de tant d'invectives, au véritable mobile caché sous tant d'enveloppes. *Les rangs sont trop pressés, le peuple est trop voisin de nous.* Imprudens! plus vous vous tiendrez loin de lui, mieux il comptera votre nombre. Oh combien feu le baron de Senecey aurait tressailli d'aise à vous entendre, lui qui s'en vint tout courroucé accuser auprès de Louis XIII l'orateur du tiers, pour avoir osé dire que les trois ordres étaient trois frères, dont le clergé et la noblesse étaient les deux aînés!

Les convenances! monsieur le baron, les convenances! elles sont la règle de l'orateur, de l'homme d'état, de l'homme du monde, et vous êtes tout cela. Cicéron leur a consacré un beau chapitre dans son *Orateur;* Mazarin prenait souvent le parti de se taire, de peur de les choquer, et la grande vogue du *Traité de la Civilité puérile et chrétienne* vous prouve que même dans *les rangs les plus épais* on y attache quelque prix. Les convenances se composent de toutes les distinctions réglées par l'esprit, de toutes les concessions nées du sentiment. Ce sont d'innombrables rameaux sortis d'une tige commune, et cette tige est la raison. Peut-être me reprocherez-vous de ne savoir pas les observer moi-même, et je ne serais pas le premier qui ne prêcherait point d'exemple. Que doivent donc penser de vous, et votre nation dont vous flétrissez le caractère, et cette classe nombreuse que vous menacez du bâillon et du joug ?

Un dernier mot. Dans la longue énumération des abus, vous en avez oublié un qui les renfermerait tous s'il était volontaire : c'est l'abus des sermens. Il faut l'avouer, notre pauvre nation les a prodigués sans mesure. Mais sa légèreté l'excuse. Nous prêtions un serment comme nous acquittons un tribut, par obéissance. Des personnages graves auraient mieux su qui ils prenaient pour témoin et pour garant; sur-tout ils ne se seraient point empressés d'offrir un serment qu'on ne leur demandait pas, et qu'ils n'étaient pas sûrs de remplir (1).

---

(1) Voir, dans le *Moniteur*, un certain discours prononcé le 28 décembre 1812. « Nous sommes prêts à tout sacrifier « pour votre personne sacrée, pour la perpétuité de votre « dynastie. Veuillez recevoir ce nouveau serment; nous y « demeurerons fidèles jusqu'à la mort ».

FIN.

www.ingramcontent.com/pod-product-compliance
Lightning Source LLC
Chambersburg PA
CBHW060917050426
42453CB00010B/1786